CW01664789

Ce recueil est un ouvrage de fiction tout droit issu de l'imagination débordante de son auteure, ainsi que de son gout pour le martini en fin de journée une fois les enfants couchés. Toute ressemblance avec des faits avérés, des lieux existants ou des personnes réelles, vivantes ou décédées, serait purement fortuite.

© Anaïs Molinié, 2023

Tous droits réservés, y compris droits de reproduction totale ou partielle sous toutes ses formes.

ISBN : 978-2-9590741-1-0

<u>De tendres Bleus à l'Ame</u>

Anaïs Molinié

Ce recueil s'adresse à toutes celles et tous ceux qui ont été bien plus remués par leur parentalité qu'ils n'oseront jamais se l'admettre.

Pour Alan et Aimy

TABLE DES MATIERES

Prologue

Les premiers vers que j'ai écrit étaient pour le décès de ma grand-mère paternelle. Je les aie lus à son éloge funèbre, et en ai encore quelques-uns :

La vie nous donne et nous reprend des êtres aimés,
Mais je ne parlerai jamais de ma grand-mère au passé,
Car elle mérite de vivre à travers nous éternellement.
Elle est la prière que je fais le soir,
Avant de m'endormir, comme elle me l'a appris,
Elle est la voix au fond de mon cœur,
Qui m'aide à retrouver mon chemin lorsque je suis perdue,
Elle est l'étoile qui scintille dans mes nuits sans lune.

A tout jamais, sa gloire coule dans nos veines,
Son bonheur brille dans nos yeux.

Etrange, de parler à ses défunts, quand on ne sait plus vers qui se tourner. Pourtant, quand je pense à des personnes qui m'ont inspirée, dont j'ai été fière et à qui j'ai voulu ressembler adulte, lorsque j'étais petite, c'était bien mes grands-mères, même si elles étaient très différentes de par leurs caractères, et leurs vécus.

Alors un soir l'été dernier, complètement perdue dans ma vie, triste comme les pierres, et déboussolée, je leur ai demandé de m'aider, de me guider. Puis je me suis endormie.

A mon réveil, je me suis rappelé ce rêve totalement perturbant que j'avais fait : à la fois un voyage à travers le temps, et à travers le monde.

Dans un port colonial étranger, je ne saurai dire où exactement, se tenant debout, face à la mer, et me tournant le dos, un jeune homme a les cheveux au vent. Curieuse, je m'approche pour découvrir son visage. Il a de beaux traits fins, et des yeux d'un vert saisissant, et je ne sais comment ni pourquoi, mais je me dis "C'est Arthur Rimbaud". Je regarde dans la même direction que lui, et vois au loin une tempête. Dans ce spectacle saisissant de beauté et glaçant de puissance, un bateau se débat tant bien que mal pour garder son cap.

Je me suis réveillée contrariée de ce rêve que j'étais incapable d'interpréter, mais qui j'en étais certaine avait un sens important. Qu'est-ce qu'elles avaient essayé de me dire à travers ce rêve ? Je n'avais jamais lu aucune œuvre d'Arthur Rimbaud, pourquoi ce nom m'était soufflé dans ce rêve ?

Je me suis mise à faire des recherches sur lui, et j'ai découvert le portrait du jeune homme de mon rêve. C'était déroutant. Je n'écoutais rien au lycée, même si on l'avait étudié, je sais que je n'en ai rien retenu.

J'ai lu plein de choses sur lui, pour essayer de découvrir ce qui se cachait derrière ce rêve énigmatique. J'ai fini par taper "Arthur Rimbaud bateau" et le poème "le bateau ivre" s'est alors affiché. N'étant pas amatrice de poésie au sens classique, il m'a fallu plusieurs dizaines de lectures pour commencer à en saisir le sens. Après plusieurs jours de lecture, et de relecture, petit à petit, j'ai découvert et apprécié la portée de chaque vers. Ce poème a fait chemin en moi, comme une langue que l'on apprend, j'en ai apprivoisé le sens.

Comme je descendais des Fleuves impassibles,
Je ne me sentis plus guidé par les haleurs :
Des Peaux-Rouges criards les avaient pris pour cibles,
Les ayant cloués nus aux poteaux de couleurs.

J'étais insoucieux de tous les équipages,
Porteur de blés flamands ou de cotons anglais.
Quand avec mes haleurs ont fini ces tapages,
Les Fleuves m'ont laissé descendre où je voulais.

Dans les clapotements furieux des marées,
Moi, l'autre hiver, plus sourd que les cerveaux d'enfants,
Je courus ! Et les Péninsules démarrées
N'ont pas subi tohu-bohus plus triomphants.

La tempête a béni mes éveils maritimes.
Plus léger qu'un bouchon j'ai dansé sur les flots
Qu'on appelle rouleurs éternels de victimes,
Dix nuits, sans regretter l'œil niais des falots !

Plus douce qu'aux enfants la chair des pommes sures,
L'eau verte pénétra ma coque de sapin
Et des taches de vins bleus et des vomissures
Me lava, dispersant gouvernail et grappin.

Et dès lors, je me suis baigné dans le Poème
De la Mer, infusé d'astres, et lactescent,
Dévorant les azurs verts ; où, flottaison blême
Et ravie, un noyé pensif parfois descend ;

Où, teignant tout à coup les bleuités, délires
Et rythmes lents sous les rutilements du jour,
Plus fortes que l'alcool, plus vastes que nos lyres,
Fermentent les rousseurs amères de l'amour !

Je sais les cieux crevant en éclairs, et les trombes
Et les ressacs et les courants : je sais le soir,
L'Aube exaltée ainsi qu'un peuple de colombes,
Et j'ai vu quelquefois ce que l'homme a cru voir !

J'ai vu le soleil bas, taché d'horreurs mystiques,
Illuminant de longs figements violets,
Pareils à des acteurs de drames très antiques
Les flots roulant au loin leurs frissons de volets !

J'ai rêvé la nuit verte aux neiges éblouies,
Baisers montant aux yeux des mers avec lenteurs,
La circulation des sèves inouïes,
Et l'éveil jaune et bleu des phosphores chanteurs !

J'ai suivi, des mois pleins, pareille aux vacheries
Hystériques, la houle à l'assaut des récifs,
Sans songer que les pieds lumineux des Maries
Pussent forcer le mufle aux Océans poussifs !

J'ai heurté, savez-vous, d'incroyables Florides
Mêlant aux fleurs des yeux de panthères à peaux
D'hommes ! Des arcs-en-ciel tendus comme des brides
Sous l'horizon des mers, à de glauques troupeaux !

J'ai vu fermenter les marais énormes, nasses
Où pourrit dans les joncs tout un Léviathan !
Des écroulements d'eaux au milieu des bonaces,
Et les lointains vers les gouffres cataractant !

Glaciers, soleils d'argent, flots nacreux, cieux de braises !
Échouages hideux au fond des golfes bruns
Où les serpents géants dévorés des punaises
Choient, des arbres tordus, avec de noirs parfums !

J'aurais voulu montrer aux enfants ces dorades
Du flot bleu, ces poissons d'or, ces poissons chantants.
– Des écumes de fleurs ont bercé mes dérades
Et d'ineffables vents m'ont ailé par instants.

Parfois, martyr lassé des pôles et des zones,
La mer dont le sanglot faisait mon roulis doux
Montait vers moi ses fleurs d'ombre aux ventouses jaunes
Et je restais, ainsi qu'une femme à genoux…

Presqu'île, ballottant sur mes bords les querelles
Et les fientes d'oiseaux clabaudeurs aux yeux blonds.
Et je voguais, lorsqu'à travers mes liens frêles
Des noyés descendaient dormir, à reculons !

Or moi, bateau perdu sous les cheveux des anses,
Jeté par l'ouragan dans l'éther sans oiseau,
Moi dont les Monitors et les voiliers des Hanses
N'auraient pas repêché la carcasse ivre d'eau ;

Libre, fumant, monté de brumes violettes,
Moi qui trouais le ciel rougeoyant comme un mur
Qui porte, confiture exquise aux bons poètes,
Des lichens de soleil et des morves d'azur ;

Qui courais, taché de lunules électriques,
Planche folle, escorté des hippocampes noirs,
Quand les juillets faisaient crouler à coups de triques
Les cieux ultramarins aux ardents entonnoirs ;

Moi qui tremblais, sentant geindre à cinquante lieues
Le rut des Béhémots et les Maelstroms épais,
Fileur éternel des immobilités bleues,
Je regrette l'Europe aux anciens parapets !

J'ai vu des archipels sidéraux ! et des îles
Dont les cieux délirants sont ouverts au vogueur :
– Est-ce en ces nuits sans fonds que tu dors et t'exiles,
Million d'oiseaux d'or, ô future Vigueur ?

Mais, vrai, j'ai trop pleuré ! Les Aubes sont navrantes.
Toute lune est atroce et tout soleil amer :
L'âcre amour m'a gonflé de torpeurs enivrantes.
Ô que ma quille éclate ! Ô que j'aille à la mer !

Si je désire une eau d'Europe, c'est la flache
Noire et froide où vers le crépuscule embaumé
Un enfant accroupi plein de tristesse, lâche
Un bateau frêle comme un papillon de mai.

Je ne puis plus, baigné de vos langueurs, ô lames,
Enlever leur sillage aux porteurs de cotons,
Ni traverser l'orgueil des drapeaux et des flammes,
Ni nager sous les yeux horribles des pontons.

Arthur Rimbaud, Poésies

Le bateau ivre dans cette tempête, c'est moi. Cette tempête que j'évite depuis si longtemps, il faudra bien, un jour ou l'autre, me jeter dedans. Je ne pourrai pas l'éviter éternellement, si je veux rappuyer sur le bouton Play de ma vie. J'ai peur de l'affronter, ce passage de l'enfance à l'âge adulte, cette émancipation de ma vie, car je ne suis pas sûre de pouvoir en sortir sans blessures. Cette révolution doit avoir lieu, après tout c'est ma vie à moi, il faut donc que je la vive pour moi, et avec moi, et non pour et en fonction des autres et de leurs regards. Quel voyage difficile ...

Quelques semaines plus tard, alors que les premiers nuages se dessinaient, en pleine crise d'angoisse, refusant d'avaler les comprimés que mon médecin m'avait prescrits entre temps, j'ai fini par ravaler ma fierté, avec un de ces cachets, et quelques dizaines de minutes plus tard, mon esprit se calmait.

Tout à coup apaisée, par ce silence dans lequel je flottais, ça a été très vite : je me suis levée pour commencer à écrire *De Tendres Bleus à l'âme*.

Ma vie de maman, je l'aime par-dessus tout, et je m'y épanouis beaucoup, mais certains tabous concernant les difficultés qui y sont parfois liées me chagrinent beaucoup. Les tabous, ça isole, ça ronge, ça culpabilise, tout ce dont je n'ai ni besoin, ni envie, alors ma seule thérapie, c'est d'écrire.

Ce livre, c'est le recueil de mon ambivalence maternelle, celle qui me comble, autant qu'elle m'épuise, les anecdotes de mes joies et de mes peines. C'est mon parcours, jalonné de difficultés et de réussites, dans ce quotidien dont j'ai parfois honte, à tort, car ce témoignage, le crier haut et fort, c'est aujourd'hui ma fierté.

Mamie Coco

Mamie Coco me faisait penser au soleil.
Les grésillements de sa radio me sortaient de mon sommeil.

Dans le couloir il y avait l'odeur des tartines dans le grille-pain.
Je la découvrais de dos, dans la cuisine,
Un paréo noué autour de sa poitrine,
Sa silhouette arrondie, ses cheveux au carré, bruns.

Je m'approchais pour l'embrasser,
Mes pas de velours l'ont plus d'une fois fait sursauter.
Il fallait se glisser au bon moment, pour ne pas risquer un accident,
Elle avait ses habitudes de personne qui vit seule depuis longtemps.

Sur le plateau de Mamie Coco : un café,
Une orange pelée et découpée en quartiers,
Les tartines, le beurre et la confiture de son goyavier.

Sur le balcon, qui offre sur la baie de l'Ile, une vue imprenable,
Nous nous installions pour prendre le petit-déjeuner à la table.

En contrebas dans la rue, elle scrutait les passants,
“Tu vois celle-ci, elle revient de chez son amant”.
Ça, c'était une autre de ses manies dictées par sa solitude.
Capable de tous les nommer, au courant de leur vie, de leurs habitudes,

J'ai longtemps pensé que cette manie était de la curiosité,
Ce n'est que bien plus tard que j'ai compris, qu'en réalité,
Même après tout ce temps, elle l’attendait.
Lui qui, dans sa camionnette, devant chez elle, nous déposaient,
Elle espérait encore qu'un jour, il lui reviendrait.

Naissance

Les premiers signes de ton arrivée,
Je les aie entendus, mais pas écoutés.
J'ai tellement envie de te rencontrer,
Mais j'aime ne t'avoir rien que pour moi, et tu vas m'échapper.

Adieu le ventre rond que j'adorais,
Adieu la protection que mon corps t'offrait.
Adieu la nausée, la sciatique, et la prise de poids,
Adieu le miracle de sentir la vie grandir en moi.

Même si ce que je m'apprête à vivre par la suite est aussi magique,
Je ne peux m'empêcher de déjà regretter tout cela, d'être nostalgique.
Bientôt un lointain souvenir, dans ma mémoire, en pagaille,
Dont j'oublierai sans le vouloir, la plupart des merveilleux détails.

Ma tête dit non, alors que mon corps me dit tout le contraire,
Il faut me rendre à l'évidence, dans quelques heures, je serai mère.

A la lumière tamisée de ma chambre, ou le travail a commencé,
Je regarde une dernière fois contre le mur, l'ombre de ma silhouette incurvée.

Mon corps entier se donne à ce travaille d'enfantement,
C'est dans une sereine excitation, que je suis prête à vivre cet accouchement.

Reconnaissante envers mon corps, à la douleur des contractions,
Je me sens plus forte à chaque vague, à chaque pression.
Dans la douleur, je me découvre des forces cachées,
Que mon esprit gardait secret pour nous aider ce bébé et moi, à nous rencontrer.

Je puise au plus profond de moi,
Je me sens telle une déesse, une guerrière,
Peut-être même les deux à la fois.
Je me balance de gauche à droite, d'avant en arrière.

Je laisse la nature faire son œuvre, les hormones sont mes meilleures armes,
Parfois il me questionne, mais je le fais taire, j'écoute mon corps qui me parle.

Je suis tellement concentrée, on pourrait me croire en transe,
Pendant les contractions, il appuie sur mon bassin et me libère de ma souffrance.

Elles se rapprochent, mais je garde la mâchoire détendue,
Être debout m'est insupportable et mes jambes ne me tiennent plus,
Il est temps d'aller à l'hôpital, à son cou je suis suspendue.

Arrivés je perds mes moyens au fur et à mesure.
J'ai envie de pousser ! Je souffle dans un murmure,
J'ai perdu le contrôle sur mon corps, tu brises mon armure.

Insensible à mon environnement, je me retrouve je ne sais comment,
Déshabillée, en blouse, branchée, en position d'instinct sur le lit d'accouchement,
Je mugis, je gémis pour expulser la douleur, le désemparement.
Rien ne me semble concret ni cohérent.

Puis, une accalmie opère, et je reviens à moi.
Comme si mon esprit m'avait quitté par effroi,
Par peur de ne pouvoir survivre à cette douleur,
Puis revenait discrètement, lâche déserteur.

Ma vision, floue et en noir et blanc,
En netteté et en couleur au fur et à mesure, reprend.

En bruit de fond on entend le cœur de bébé,
Il s'apaise, en tandem avec le mien, synchronisé.
Enfin réfugiée dans la pénombre, après cet état de désespérance,
Ce moment de répit me permet de reprendre des forces, avant la naissance.

Mes jambes sont lourdes et engourdies, mais c'est le moment,
Je prends une grande inspiration et pousse, en expirant,
Mes muscles se détendent, on respire, et on reprend.

Puis, la sage-femme m'arrête un moment,
Ça parait long mais j'attends impatiemment.

Elle fait passer entre mes jambes, un petit être tout chaud et visqueux,
Bébé râle un grand coup, avant de me regarder droit dans les yeux,
Avec l'aplomb déconcertant de tout un monde.
Curieux pour quelqu'un qui n'est là que depuis quelques secondes.

C’est un regard qui demande des explications,
Avant de se radoucir en entendant ma voix, en adoration.

Post Partum

Je fais un peu l'état des lieux, m’avoue envier les hommes.
Sur le parcours de leur vie, aucun dérèglement d'hormones,
Tu prends conscience des avantages que parfois ça leur donne,
Sur leur charge mentale, leur libido, leur confiance en eux, leur curriculum.

Ça commence à la maternité, le ventre vide, et les seins pleins de colostrum,
On découvre les tranchées, les cicatrices, le baby blues, et autres symptômes...
J’ai toujours sacralisé la maternité, dans la vie de femme, la voyais au summum,
Mais on ne nous fournit malheureusement pas de Vademecum.

Ça continue à la maison, pendant la sieste de bébé, devant les sitcoms,
Entre Baby clash, solitude, fatigue, phobies d’impulsion, on slalome.
Les changements n’ont pas lieu que dans le corps, la tête aussi déconne,
Le caractère change parfois, il s’endurcit, se fragilise, se refaçonne.

Ça te poursuit au travail, non bébé ne fait pas encore ses nuits Simone.
J'aimerais, qu'entre carrière et bébé pour les femmes, il n'y ai pas d'ultimatum.
Tout ça sous prétexte qu'eux ont de la testostérone,
Leurs carrières décollent, pendant que les nôtres plafonnent.

On cajole, on pouponne, on raisonne, on console, on pardonne.
Tant de fois intérieurement on baisse les bras, on démissionne,
Mais c'est très vite oublié, face à leurs sourires qui rayonnent.
Malgré toutes ces injustices, j'ai surtout découvert mes deux plus belles personnes.

Il y a aussi plein de belles choses, dans le post partum,
Ne t'inquiète pas, ceci est le post-scriptum.

Allaiter

Il y a eu des rappels à l'ordre au royaume des princesses, au musée à la pyramide,
Où certains se sont offusqués de voir des nichons de chair,
Quand admirer ceux de marbre ne les dérange guerre.

J'ai allaité n'importe où, n'importe quand,
Dans l'avion, à la plage, au restaurant,
Sur plusieurs fuseaux horaires,
Dans ma voiture, au pied des pistes de ski, à la mer.

Souvent dans des positions improbables,
Le plus important, c'est d'être confortable,
Très loin des classiques « ballon de rugby », madone, transat,
Chez moi, ça ressemble plutôt à du yoga à trois heures du mat'.

Ceux que l'on entend s'offusquer, sont sûrement ceux qui préfèreraient,
Les voir dans leur bouche, pour nourrir leurs fantasmes gardés secrets.

Allaitement ou biberon, c'est à la mère de choisir, pas à la société.
Vive les seins pleins de lait et les boites de poudre à reconstituer.

Allaiter, c'est pour moi la plus belle façon de rendre hommage au corps féminin,
En plus d'être capable d'accueillir et de créer la vie, il la nourrit.
A moi toute seule, je suis pour ma fille, un paradis,
C'est ce que je vois dans ses yeux quand elle est à mon sein.

Le dieu des dents, et celui des amants

On arrive à un carrefour aux alentours de trente ans,
Où l'on croise dans la gent féminine deux grands courants :
Il y a des femmes qui notent les performances artistiques, de leurs conquêtes au pieu,
Il y a celles qui notent les performances physiologiques de leur progéniture au pieu.

Ensuite il y a le debrief entre copines autour d'un café,
“Lui c'est un bon coup”, “lui je ne compte pas le rappeler”,
“Les bruits blancs, la veilleuse, moi, rien n'a marché”,
Atouts physiques, endurance, créativité,
Contre cycles circadiens, rituels, et nuits hachées.

Tu te rends compte que tout a dégénéré dans ta vie,
Quand te vanter que bébé t'ai laissé dormir toute la nuit,
Devient aussi satisfaisant que de te pavaner avec orgueil,
En racontant que ton mec ne t'a pas laissé fermer l'œil.

Lingerie fine, battements de cils, échange de sextos,
Tous les moyens sont bons pour attiser sa libido.
Doudou magique, tétine, tour de lit sur les barreaux,
Objectif : l'endormir le plus vite et longtemps pour un gros dodo.

Se faire désirer, ou mener la danse, sont les techniques les plus répandues,
Mais il n'y a pas vraiment de règle, la créativité prend le dessus.
Pour les mamans aussi il faut choisir son camp.
"laisse pas pleurer", et "dormir ou mourir, il faut choisir" en sont les slogans,
C'est tout de suite beaucoup moins glamour,
Mais autant en parler avec humour.

Caresses, massages, et mots doux,
Un bon shot d'ocytocine pour maman et loulou,
Mais il en est de même pour Madame et son amant,
Eh oui, ce sont les mêmes hormones que notre corps épand.

Curieux constat, quand on fait cette analyse.
Enfin, au final, dans les deux cas c'est la surprise :

On ne sait jamais si on va tomber sur un virtuose ou un tocard,
Si la nuit va être faite de doux rêves, ou de vilains cauchemars.
On prie le dieu des dents, et celui des bons amants,
Et on se lance, dans les préliminaires, ou dans les comptines pour enfant.

La mère

Je suis la mère, celle qui s'ouvre en deux, portail vers la terre promise.
Je suis le berceau de la vie, mais parfois, je berce un enfant, anéantie,
Comme je me berce d'illusions, sur mes choix, sur ma vie.
Je suis la mère qui protège, qui nourrit, qui cicatrise.

Je suis la mère douce, le premier port de nos âmes,
J'ondule du bassin, des épaules, quand les enfants me réclament.
Les vagues me retiennent au large, quand je donne à ceux que j'aime,
J'ai pendu à une ancre qui je fus, disparue au plus profond de moi-même.

Je suis la mère qui console et qui gronde,
Je transporte l'humanité de l'ancien au nouveau monde.
Sur moi, les enfants voguent, font cap vers l'âge mur,
Nostalgiques de leurs souvenirs, avides de risques et d'aventures.

Je suis la mère, calme et lisse en surface,
Aux courants tumultueux et sombres en profondeur.
Le vent aime me façonner, mais je résiste, tenace,
Face à ses violentes rafales d'asservisseur.

Je suis la mère à qui l'ont demande au-delà de ses ressources,
Quand le soleil, jamais inquiété, lui, poursuit inflexiblement sa course.
Celle qui doit tout sacrifier, qu'il ne faudrait pas surestimer.
Je suis la mère, jamais seule, mais à elle-même, abandonnée.

Je suis la mère qui cache en elle mille trésors engloutis,
Tant d'hommes aimeraient se vanter de les avoir conquis.
Les astres me contemplent de haut, et je vois dans leurs regards,
Ma désillusion, ils viennent en réalité se noyer dans leur Miroir.

Je suis la mère qui rassemble des continents, ou bien les membres d'une famille.
Fragile et vulnérable, par amour mes actes m'illuminent,
Puissante et terrifiante quand, enfin je lève le voile, sur ce qui m'opprime.
Impatiente de montrer de quoi je suis capable, au soleil, je scintille.

Je fais chavirer les cœurs, et les bateaux aux calles pleines de carrières lestées,
De dévalorisation paternante, d'insécurité, de violence, sous l'humour noyés.
Je suis la mère libre et sauvage, qui n'a pas peur de ce qu'elle peut créer,
Dans le creux de ses vagues, faites-lui toujours face et implorez sa pitié.

La route

Non loin d'une forêt, au milieu d'un champ,
Je semble plutôt sereine, même si entourée de gens,
Je ne l'entends pas, mais il y a de la musique,
Les basses raisonnent dans ma cage thoracique.

Il doit faire chaud, et la lumière est bleue,
Du tissu sur ma peau, il y en a si peu.
Je ne saurais dire si c'est l'aube ou le crépuscule,
Une agréable brise tiède me parcourt entre les clavicules.
Je suis entourée d'une foule, mais enfermée dans une bulle.
Coupée des interactions qui autour de moi ont lieu.

Je suis centrée sur moi, sur ce que je ressens.
Comme en pleine méditation, et c'est apaisant.
La pluie se mets à tomber. Elle est douce.
De mes épaules à mes mollets elle prend sa course,
Et interrompt la foule qui bientôt se disperse.

Au loin, il y a une route, et j'en prends le chemin,
Sans savoir où elle me mènera, pourtant, j'avance l'esprit serein.
Je marche au bord de cette route, au trajet sinueux,
Tout n'est que pittoresque, en gris, en vert ou en bleu.

En me retournant, je vois une silhouette, au loin,
Sur ce même itinéraire, vers ce même destin.

Je crois entendre une voiture arriver,
Alors je me mets un peu plus dans l'herbe, sur le côté.
Un bruit que je ne sais identifier se fait entendre dans mon dos.
L'instant d'après je me sens éclaboussée d'humide, de chaud.

Je passe une main dans ma nuque, et la porte à ma vue,
Prise d'une panique incontrôlable, je tremble, émue.
Des morceaux de chair se trouvent au creux de ma main,
Mêlés à des fragments d'os et des cheveux bruns.

Je me réveille en sursaut, ouvre les yeux sur Aimy,
Son visage décollé de mon sein, apaisé et endormi.
A la lumière apaisante de la veilleuse, je suis totalement bouleversée.
Je me dis que c'est vraiment la plus belle chose sur laquelle une mère puisse se réveiller,
Et me sens désemparée face au paroxysme qui existe entre mon subconscient, et ma réalité.

J'ai accouché d'un bébé parfait, il y a quatre semaines,
Elle est en bonne santé, elle est calme et sereine,
Elle dort bien, elle est belle comme un cœur,
Elle prend du poids et elle fait des cacas de la bonne couleur.

Alors qu'est ce qui ne tourne pas rond chez moi ?
Je ne suis qu'angoisses et désarroi.

Pourquoi j'ai dit oui

J'ai dit oui, car il n'est pas le gendre idéal, à la mèche et aux dents blanches,
Celui qui apporte le petit déjeuner au lit le dimanche,
Qui touche un salaire mensuel à cinq chiffres dans la finance,
Qui fait des massages, la cuisine, et qu'on ne voit que dans les romances.
Ce que je mérite d'après ma mère en toute objectivité à l'évidence.

Il est même quasiment tout le contraire, mais maintenant qu'on en est là, je ne me vois pas ailleurs.
Le pire, on l'a déjà vécu, et pas qu'un peu, alors moi j'attends encore le meilleur...
J'ai dit oui, parce que je sais combien ses défauts peuvent le rendre détestable,
À quel point être dans la même pièce que lui m'est parfois insupportable.
J'ai dit oui car au bout de six ans de relation,
Il laisse toujours au pied du lit ses chaussettes et ses caleçons.
Mais si c'est le pire dont il est capable,
Il y a sûrement ailleurs bien plus insurmontable.

Malgré tous ses défauts après lesquels je passe beaucoup de temps à pester,
On est toujours là, à manger du pop-corn devant un dessin animé,
Les enfants entre nous le vendredi soir sur le canapé,
A se jeter des coups d'œil en coin quand une scène drôle va arriver.

Après tout, moi non plus je ne suis pas parfaite.
Franchement, après avoir supporté tout cela, quelle fille serait assez bête,
Pour lui dire non, et partir à la recherche de l'âme sœur ?
On nous a trop habitué à aimer les contes de fée, à croire au bonheur.

Cette vie, c'est déjà la mienne depuis six ans,
Alors l'officialiser, est-ce que ça va changer quelque chose vraiment ?
J'ai toujours pensé que le bonheur que la vie m'offrait était déjà suffisant,
Qu'il ne fallait pas trop demander, mais prendre ce qu'elle me donnait, en remerciant.

Miroir

Je me prépare pour aller dîner avec mes copines.
Constamment à la maison, avec des t-shirts tachés de lait, en legging,
Ce soir, c'est pantalon cigarette, chemisier en plumetis, jolies compensées.
Je lâche mes cheveux, plante un spray de parfum à la naissance de mon décolleté,
Dessine ma bouche d'une couleur discrète,
Un peu de mascara, des boucles d'oreilles, ça y est je suis prête.

Devenir maman se ressent jusque dans ma garde-robe :
Le sac à langer avec huit poches intérieures ou le sac à main Guess ?
Le jean tout terrain ou la jupe qui donnent une démarche de déesse ?
La manucure et les bijoux ou l'écharpe de portage ?
Souvent, le choix on ne l'a pas vraiment, il n'est que mirage.

Pour ma part, j'ai aimé ce ventre vide, qui se rétracte avec supplice,
Sa peau détendue et foncée avec mon teint métisse.

Cette ligne tracée de là où j'étais reliée à ma propre mère,
A là où mes enfants ont trouvé le chemin de notre Terre.
Je suis contente de me réapproprier ce corps, d'avant,
Mes vergetures restent le seul vestige de mes enfantements.
Apprivoiser ce corps après tous ces chamboulements,
Demande à chacune plus ou moins de temps.

Monospace

"Promets-moi que si un jour, j'achète un monospace, tu me rouleras dessus avec"
Je ne sais plus dans quel contexte, ni à qui j'avais fait cette requête,
Mais j'espère que cette personne n'a pas pris ma demande au pied de la lettre,
Et qu'elle ne croisera pas mon chemin, avec ce souvenir en tête...

J'avais autant cette idée en horreur à l'époque, qu'elle me séduit aujourd'hui,
Pour commencer, à son volant, je surplombe la route, il m'en faut si peu, oui.
Les sièges sont confortables, il y en a sept.
D'ici quelques années, s'il veut emmener au match l'équipe de basket,
C'est à moi que le coach des enfants devra faire des courbettes.
Dans Desperate Housewives, je serais Lynette,
Je me sens comme elle, avec sa flopée de morveux,
Alors que moi, je ne m'en sors déjà pas avec deux.

Si on range les deux sièges du coffre,
Il fait quasiment la superficie de notre salle de bain,

Bon j'exagère, mais entre les enfants, la poussette, les chiens,
On est vite serré, malgré la place qu'il offre.

Je dois bien avouer que ce qui m'amuse le plus,
Dans le fait de conduire un quasi-bus,
C'est le regard plein d'incompréhension de certains conducteurs,
Qui me croit à peine sur le marché du travail, et froncent un sourcil interrogateur.

Cette voiture me donne une identité : Je suis mère de famille,
C'est un statut dont je suis au moins aussi fière qu'il me fait souffrir.
Alors l'exhiber au volant de ma voiture, c'est le moindre des plaisirs,
Mon cœur est en guenilles, mais mon sourire scintille.

C'est aussi adresser un pied de nez au patriarcat,
Au feu rouge, quand je croise un mec prétentieux parfois,
Je lui lance le regard qui dit : "j'en ai une plus grosse que toi.
En plus, je sais faire des créneaux avec,
Tu penses pouvoir en dire autant de ta quéquette ?"

Les spectres

A la télé il pleut des bombes et des mots inquiétants,
Alors je l'éteins pour faire revenir le soleil dans mon cœur,
Me mettre à l'abri des questions qui fusent de la bouche des enfants,
Et qui restent sans réponses de ma part, dans le silence et la peur.

Chaque soleil qui se couche fait monter en moi une angoisse sans précédent.
Hier, je me suis réveillée d'horreur, ça ne m'était arrivé qu'étant enfant.

*

Je suis dans une salle étouffante de monde,
Les regards posés sur moi, de tristesse m'inonde.
Je baisse le mien et il se pose sur Aimy, allongée.
Son visage endormi, collé à celui d'Alan d'un côté,
Le temps semble figé. A leurs côtés, il y a ma mère.
Il fait froid, quelque chose me dérange dans l'atmosphère.

Un vide immense se faufile en moi, m'emplie d'une tristesse insupportable.
Le chagrin me comprime la poitrine,

Respirer m'est d'une douleur indescriptible
Leurs visages, désertés par la vie, abandonnés par leurs âmes,
Sont nus de la moindre émotion. Leurs paupières à tout jamais fermées.
La personne qui m'a donné la vie, et celles à qui je l'ai donné.
Et moi, bien trop vivante pour pouvoir supporter leurs spectres.
Je n'ai jamais senti la douleur aussi profondément plantée dans mon être.

*.

Réveillée en sanglot, je serre fort contre moi,
Le petit corps chaud d'Aimy, dans mon cou, son cœur qui bat.
J'en ai besoin pour m'assurer que c'est bien réel,
Mon impuissance, est entière et sempiternelle.
J'aimerai tellement réaliser l'impossible, mais c'est aussi cela être maman :

Prendre conscience que donné la vie à nos enfants,
C'est déclencher leur compte à rebours sur cette Terre.
Voilà ce qui me terrorise, pourtant c'est évident,
Ils sont comme tout le monde ici-bas, des captifs de ce temps,
Aussi insaisissable que l'air que l'on respire,
Que les souvenirs qui passent ; que le futur auquel on aspire.

Manche après manche, année après année, innocents tributaires,
Des cartes qu'abattra sur eux l'indéfectible Univers.

Les paillettes

Notre rencontre, nos premières conversations,
Je serai incapable de les raconter,
Preuve que ça n'influence en rien une relation,
Elle a toujours fait partie de ma destinée.

On était de celles qui portent les vêtements qu'on leur donne sans se poser de questions,
Celles qui travaillent beaucoup, mais n'ont pas forcément des résultats brillants.
Pas de celles qui s'en foutent d'être convoquées dans les bureaux, on les attend à la maison...

Ni populaires, ni intellectuelles, ni marginales,
Nous étions dans les bas-fonds de l'échelle sociale.
Elle était la dramaturge très sensible, en crise existentielle,
J'étais le garçon manqué qui se prenait pour une rebelle.

Puis il a déboulé avec dédain, détruit des dizaines d'années d'ordre et d'équilibre,
Disséminé avec douleur et décadence les décombres de son Eden prévisible,
Mon mot en D à moi c'est : désolé, car je n'avais aucune idée de comment l'aider.

Au lycée, nos chemins se sont séparés,
Pas par choix, mais parce que la vie l'a décidé.

Plus les mêmes amis, les mêmes combats, les mêmes centres d'intérêts,
Puis après le bac, on s'est parfois aperçues, pendant nos études en soirées.
Elle, elle savait exactement où elle allait,
Moi je n'en avais aucune idée, je passais mon temps à me leurrer.

Installées, en couple, on s'est vraiment retrouvées.
A quatre, on s’est souvenus de nos midis dans la bibliothèque planqués,
Ou l’on passait des fous rires, aux visages impassibles au son des pas de la bibliothécaire,
Seul moyen de rester au chaud, quand il faisait deux pauvres degrés en hiver.

J'avais beau être une adulte avec un travail, un chien, un loyer,
Des impôts à payer, je commençais à peine à découvrir qui j'étais.
Elle de son côté elle bouillonnait d’idées, menait à terme des projets,
Et ça donnait tellement envie d'être comme elle, sure, réfléchie, déterminée.

On a parfois grandi chacune de notre côté, parfois ensemble.
Quand j'ai cette sensation que ma vie est insipide, que ma voix tremble,
C'est elle que j'appelle pour la saupoudrer de paillettes.
Enfin, je lui envoie plutôt des vocaux de douze minutes trente-sept,
Et je vous jure que si vous tendez bien l'oreille, dans ses réponses,
On les entend scintiller, dans chacun des mots qu'elle prononce.

On s'est parfois perdues et même si ça arrive encore,
Je sais que l'on pourra toujours compter sur cette amitié en or.

Crise d’Angoisse

Le matin, quand j'ouvre la porte d'entrée,
Le sac à main en bandoulière, sur l’épaule le sac à langer,
J'ai un enfant sur l’avant-bras, un dans les pattes,
Le sac d'école autour du poignet, le téléphone dans la poche droite,
Les clés de la maison à la main,
Celles de la voiture dans l'autre, si tout se passe bien.

A l'image de mon esprit, je suis moi-même surchargée :
Aimy a son bonnet ? Le manteau est boutonné ?
Alan a son cache cou ? Et la porte, je l'ai fermée à clé ?
Le portail n'est pas ouvert. Merde, ce matin il faut gratter.

Toutes ces pensées ne couvrent que les dix premières secondes de ma journée.
Parfois, je n'ai qu'une envie, c'est de tout poser,
De me coucher à même le sol pour pleurer.

Cette voiture, c’est vers mes angoisses qu’elle me mène.
Sur le trajet, je suis en pilote automatique,

Un flot continu de pensées s'enchaînent,
Comme les véhicules dans le trafic.

Mes mains se crispent sur le volant. Fait chier, on est encore en retard.
Dans le rétroviseur, je souris à Alan, mais il sait lire sur mon visage, le désespoir.
Je suis à bout, incapable de lâcher prise, même dans mon sommeil,
Je me refais en boucle tout ce qui m'a contrarié dans ma journée de la veille.

C'est comme un cauchemar duquel on ne peut se réveiller,
Je suis prise au piège de mes propres pensées.
Elles se superposent les unes aux autres, se répètent encore et encore,
Me martelant le crâne de l'intérieur, de plus en plus fort.

Je n'ai qu'une envie, que ça s'arrête, mais je ne contrôle rien du tout, prise de panique.
La seule façon d'arrêter tout ça serait de mettre un coup de volant dans la glissière,
Mais les larmes aux yeux, je me rappelle que j'ai deux enfants à l'arrière.
Mon cœur s'emballe, c'est comme si j'étais en plein effort physique.
Ballotée, dans une houle d'angoisse déchainée,

Comme en pleine mer, je peine à refaire surface pour respirer.
Je suis en pleine crise d'angoisse, sur l'autoroute, à 110km/heure,
Je mets la musique un peu plus fort, espérant qu'Alan ne voit pas ma peur.

Il me reste 800 mètres, quelques secondes à tenir avant la sortie,
Et je me garerais pour reprendre mes esprits.

Parenthèse

Ces derniers jours d'octobre ressemblaient à ceux d'un mois de mai.
On avait à peine Paris dans le dos, que mon angoisse m'abandonnait.
Ma mère au volant, moi en passagère,
Les enfants en pleine sieste à l'arrière.

La route ensoleillée et déserte, on discute, et les souvenirs passés,
Sont parfois plus chargés en émotions que la voiture en poids.
Dans le coffre, plein : bottes en caoutchouc, jouets de plage et cirés,
Face à Omaha Beach, que serais-je sans ma mère, je me demande pleine d'effroi.

On jette les valises dans les chambres et allons à la rencontre des vagues,
Elles emportent avec elles au large toutes mes pensées malades.
Cette parenthèse de quatre jours me fait un bien aussi soudain que profond.
Le vent souffle avec force, et masse la peau de mon visage, avec passion.

Je n'ai plus rien dans la tête et s'en est déstabilisant,
Le bruit de la houle et de l'écume est assourdissant,
Mais ça n'a pas été aussi silencieux en moi depuis si longtemps...

Autour de nous, la vue est dégagée sur des dizaines de kilomètres,
Sable, mer, et ciel, mon esprit commence à se remettre.
En partant pour mieux revenir, la mer,
Sillonne le sable et me massent la voûte plantaire.

L'eau est froide, et une fois qu'elle s'en va,
Le vent qui me souffle dans les mollets est chaud.
Avec une pointe d'inquiétude, je pense que je sais au fond de moi,
Que mes problèmes du quotidien reviendront aussi vite que la marée,
Mais je ne suis pas prête à y repenser, je ne veux pas tout gâcher.

On fait le plein de bons souvenirs.
Alan crie Mamie, et ce mot carillonne,
Comme une preuve d'amour qui résonne.
Mes mains sentent la serviette au citron des huîtres.
Les poches pleines de galets, et de sable par litres,

Aimy contemple les cerfs-volants danser dans le ciel,
Du sable entre les orteils, sur son visage un sourire éternel.

Disputes

Tout ça pour une histoire de biberon pas nettoyé,
Ou de panier à linge plein à craquer.
Voilà où nous en sommes arrivés :
Se disputer à travers écran interposés.

En silence, en cachette, pour préserver les enfants d'une balle perdue,
Les reproches fusent au son des notifications, tels des obus.
Ça n'en est pas moins réel pour autant,
Vibrer. Avant c'était nous, maintenant ce sont nos écrans.

Condamnés à vivre une sempiternelle dispute,
Encore et encore, sans jamais qu'il n'y ai un réel but.
Je sais déjà où cela va nous mener :
Il va faire des efforts, deux, trois jours à tout casser,
Puis petit à petit, revenir à ses habitudes, pendant que j'encaisserai,
Encore et encore, avant d'exploser à nouveau, à regret,
En points d'exclamations et en lettres capitales par frappes,
Dans mon prochain missile WhatsApp.

Ça y est, j'engage le match à points, je rentre dans le "moi je", dans la comparaison.
Pas très constructif, mais un réel exutoire face à tant de désillusions,
Comment peut-il être la même personne qui m'a séduit,
Que celle qui m'a tant aimé, tant fait rire, tant promis dans cette vie.

Aimy dort très mal en ce moment,
Par procuration, moi aussi fatalement.
Elle se réveille à quatre heures, et ne se rendort pas,
Enfin si, chez la nounou tandis que moi,
Je m'attaque à ma journée de travail, à bout de bras.

Ce n'est peut-être pas écrit sur son front, qu'elle ne dort pas
Mais ça se lit sous mes yeux à moi.

Défaillance

Les cheveux relevés, le regard vide dans le reflet,
Un cimetière d'expressions sur mon visage,
Au plus profond de moi, une lutte fait rage.
Détester mes côtes saillantes, et craindre les bourrelets,
Une souffrance récurrente, une peur à jamais.

La tristesse qui m'accable depuis tant d'années,
Enfouie en moi, j'ai toujours voulu la cacher,
Mais aussi sournoisement qu'elle s'est installée,
Elle a commencé à apparaitre, sur mes joues creusées.

Elle me désarme de ma force, m'écarte de la réalité,
Pose sur mon esprit un voile qui rend floues les choses importantes.
Elle me paralyse de douleur, m'anesthésie d'anxiété,
M'abandonnant, ni vraiment morte, ni entièrement vivante.

Sans raison rationnelle, je perds le contrôle, prise d'angoissantes pulsions,
La contrariété déferle dans mes veines, je suis impuissante face à mes émotions.

Dans ma noyade désespérée, je prends les bouchées, pour des bouées,
Je me remplis sans plaisir, et ne sais si c'est pour flotter ou couler.

Ces émotions indomptables, je suis incapable de les gérer,
Mon seul moyen de les taire, dans mon désespoir est de les ingérer,
De les transformer en douleur que mon corps ressent.
Enfin, quand je suis pleine de ma culpabilité,
La honte finie toujours par arriver,
J'aime ne pas l'attendre trop longtemps.

Elle arrive, de deux complices, toujours accompagnée,
L'un moralisateur, l'autre provocateur, et pour elle, associés.
C'est un soulagement quand enfin, se soulève mon cœur,
Je me vide alors de ce poison qui me brule de l'intérieur.

Mes larmes se mélangent à l'eau du robinet,
Le regard trouble, dans le miroir, je contemple satisfaite,
Mes souffrances disparaitre dans le grès.

Enfin, plus légère, je reprends le cap, de ma vie compliquée,
Apaisée par cette infime sensation de contrôle sur mon passé,
Par ce sentiment de pouvoir défier le temps, en modifier les évènements.

Utopiste, comme moi, Gatsby y croyait malheureusement.

Les disciples d'Hécate

Méfiez-vous des mamans qui en ont trop gros sur le cœur,
Car lors de leurs soirées entre copines elles ont tendance à se transformer.
Parfois les soirs de pleine lune, toutes nues en ronde elles peuvent danser,
Redevenues des ados d'outre-tombe, pour quelques heures.

Parfois étouffées dans notre quotidien de mères, de ménagères,
On se révolte, la tête en bas, les fesses en l'air.
On glousse, on s'embrasse sur la bouche, on se libère,
On se défoule, on redevient irresponsables et grossières.

Cap ou pas cap, jeux d'alcool, actions ou vérités,
Certaines sont prêtes à tout pour sauver l'honneur de leur gloire passée.
"Je n'ai jamais parlé de mon accouchement pour faire fuir un mec",
Levez toutes votre verre avec moi et buvez cul sec !

On sort dans les rues, faire du surf sur les poubelles,
Des courses en caddie abandonnés dans les ruelles,

Debout sur nos voitures, on s'arrose de champagne,
De crémant, il ne faut pas déconner, ce serait indéfendable.

On escalade des portails pour aller frapper,
Chez la copine restée au chaud car enrhumée,
Peut-être retrouveras tu notre soutif dans ta boîte aux lettres,
Ou bien des poignées de bouquets sauvages, sous ta fenêtre.

On ne fait de mal à personne, même si on peut être bruyantes,
On passera inaperçus, si tes voisins t'ont habitué aux soirées étudiantes.
On court vers la moindre bêtise, qui nous fait nous sentir en vie,
Celle que la maman désapprouverait la journée, mais qui la défoule la nuit.

Enfin on finit souvent sur un balcon, entassées, dans la fumée,
A se dire qu'il est grand temps de rentrer,
Parce que le réveil des enfants, dans trois heures, sera sans pitié,
Mais pour rien au monde on ne regrettera ces soirées.

Puis le matin, avec nos têtes lourdes, on accusera nos cadettes,
"N'importe quoi ces jeunes, ils ne savent plus quoi inventer pour faire la fête !"
On jouera de cette double identité, à la réunion des voisins devant les boites aux lettres.

Louis

Un matin sur mon écran, sont apparus tes deux minuscules empreintes de pieds,
A la lecture du message de ta maman, mon cœur s'est serré.

Pas bien loin du cimetière, au village où elle et moi avons grandi,
Mon fils m'a prise par la main, et m'a dit :
"Maman, viens-je t'emmène voir Louis."

Sur le chemin, il s'est arrêté plusieurs fois et a choisi,
Pâquerettes, pissenlits, bruyères, et millepertuis.
Il m'a dit que quand il est venu te voir, il y avait plein de jolies fleurs,
Alors il veut, lui aussi apporter plein de jolies couleurs.

Tu es tout au bout de l'allée, et dans notre dos, le soleil s'évanouit.
Il se reflète sur les pierres de marbre, et nous éblouit.
Je pense à combien la nouvelle de ta venue avait dû rendre tes parents réjouis.
Alan te parle comme s'il te connait, après tout, d'une certaine façon peut-être que oui.

Quand il sera plus grand, je lui raconterai les bêtises que ta maman et moi on faisait.
Les tablettes de chocolat aux noisettes que l'on engloutissait,
La fille au pair, qu'en bourrique, on tournait,
Les têtards, que dans le bassin, on attrapait,
Les chorégraphies et les chansons qu'on inventait.

Le deuil périnatal, si douloureux,
Pour une famille qui sort de la maternité à deux.
Si tabou et effrayant que lointain,
Pour ceux qui n'en ont pas emprunté le chemin.

Je ne me serai jamais crue capable de l'aborder, car tellement indigne,
Mais il faut bien parler, de ces parents en deuil, mais tout aussi légitimes.
Hantés par ces gazouillés, que jamais ils n'entendront,
Par cette vie, que souvent ils s'imagineront.

Les étapes vers la guérison sont longues, et non sans dommage,
Les souvenirs, l'acceptation du traumatisme, il faut être armé d'entourage.
Puis, quand chacun reprend sa vie, alors que la leur est arrêtée, il leur faut du courage,
Contre ce vide omniprésent, qui menace de dévorer leur joie de vivre.

Contre celle qui jamais ne les quittera, la peine
Dans cette vie, qui ne sera plus jamais la même.

Il faut que je te le dise, car c'est important,
Tu seras à jamais le bébé de ton papa et de ta maman.
Leur histoire avec toi, les surnoms qu'ils t'ont donnés,
Les traits dont chez l'un ou chez l'autre tu as hérité,
C'est leur manière de te rendre éternel, de te faire vivre à jamais,
Dans leurs cœurs, et dans les nôtres, où tu es désormais.

A travers vos souvenirs à tous les trois,
A travers leur amour indéfectible pour toi,
Votre famille est aussi tendre que jolie,
Aussi sûr, que Louis rimera toujours avec vie.

Rancœur

Regarde ce que tu as fait de moi,
Je ne suis plus que mon ombre, et ça te convient je crois,
De me savoir si amoindrie, que jamais je n'aurai la force de partir,
Que jamais je n'aurai le courage de me relever, de te fuir.

Mes vêtements amples pour cacher ce corps dans lequel je ne me sens pas bien,
Plus de maquillage, les cheveux en bataille, à quoi bon, je ne vaux plus rien.
Pour toujours, je serai là, à tes côtés, à ranger ta maison,
A sourire aux voisins, à étendre les machines, à assouvir tes pulsions.
Je pense qu'inconsciemment tu le vois, que quelque chose ne tourne pas rond,
Mais tu as tout ce qu'il te faut, et c'est tout ce qui compte, dans le fond.

Me faire culpabiliser d'être une mauvaise mère à chacune de mes sorties,
M'accuser de voir quelqu'un d'autre, lorsque de faire l'amour, je n'ai pas envie,

Faire de l'humour, sur le fait que si je veux partir,
C'est au fond du jardin, que je vais finir.

Que ça aille jusqu'à jouer sur ma santé, sur celle de notre nouveau-né,
M'ignorer, me délaisser, quand tu l'as décidé,
Puis chercher mon affection, dire que je ne t'aime pas assez,
Avec toi, je ne sais jamais sur quel pied danser.

Préférer dormir dans ma voiture, qu'en ta compagnie,
Pour retrouver la paix, et qu'enfin cessent ces conversations la nuit.
Le chantage affectif, les menaces, les mensonges pour me décrédibiliser,
Si quelqu'un a le malheur de poser les yeux sur moi, tu me le fais payer.

Pour mes enfants on me dit de rester, et pendant ce temps,
Jour après jour, je me suis raconté des mensonges rassurants :
« Ça ira mieux un jour, c'est juste une mauvaise passe »
Mais au fond de moi, je sais, et fais taire cette petite voix tenace.

Je ne dis pas que j'ai été tendre,
J'ai parfois fait ce qu'il fallait pour me défendre,
J'ai baigné dans tant de rancœur,

Que j'ai fini moi-même pleine d'aigreur.
J'ai peur qu'il n'y ai de place que pour un vainqueur.

Semper Apertea Sunt Meae Portae

On s'est dit que si on ne prenait pas soin de nous, personne ne le ferait,
Notre amitié méritait bien une célébration, un temps d'arrêt,
Alors on a décidé de prendre comme prétexte nos trente ans,
Direction Etretat, quarante-huit heures sans mari, ni enfant.

La culpabilité a fait quelques kilomètres, avec nous,
On a réussi à la semer vers Saint-Je-Sais-Plus-Où,
Chassée à bon coups de Céline, Tragédie, et Britney,
L'esprit libre, on a profité des paysages qui défilaient.

Parler sans avoir peur d'être jugées, sans peur de se dire les choses,
De nos angoisses, de nos incertitudes sur cet avenir d'adulte morose,
Face auquel je me sens vulnérable, quelle désillusion en grandissant,
De se rendre compte que l'on est resté à tout jamais cet enfant.
On ne change pas, dit Céline, dans l'habitacle, et je comprends...
Bientôt on aperçoit Etretat, on joue les touristes,

Les petits couples qui voient tout en rose à leurs débuts,
Histoire de se rappeler ce que ça fait, longtemps après l'avoir vécu.

Au programme : ni interruptions de conversations, ni réveils la nuit,
Le jour le long des falaises à cheval ou à pied, le soir au bel ami.
Ni Pat patrouille, ni to do list, ni boîte à goûter,
Juste le vent qui nous ressource, et un peu d'insouciance retrouvée.

Ne pas avoir de plan, les changer à la dernière seconde,
Partir marcher à travers champs, en pleine nuit, dans l'orge blonde.
Prendre un bain de lune, dans les transats, face à l'étang,
Du vin plein les veines, écouter les vagues, rapportées par le vent.
Regarder les étoiles, à travers les nuages,
Espérer y trouver une réponse à nos tourments, un message.

Tenir de longues conversations philosophiques sur la vie, ses promesses,
Penser à nos enfants, à ce monde terrifiant qu'on leur laisse,
Se remémorer des souvenirs drôles pour ne pas virer à la déprime,
Inspirer de l'espoir, et expirer tristesse et nicotine.

L'angoisse me rappelle, mes culpabilités ne sont pas encore couchées.
Je ne la laisse pas tout gâcher, et elle me raccroche au nez.

J'avais amené des bouteilles de vin, mais pas de tir bouchon,
Je la vois en retirer un de son sac, et me fais la réflexion :
Elle est le mien, de tire-bouchon.
Je suis pleine de saveurs et d'arômes, enfermés,
Elle est cette personne qui me pousse à m'ouvrir, à m'affirmer.

Bien plus que des amies, nous sommes des âmes sœurs,
Il n'y a qu'avec elle je pense, que je connaitrai éternellement le bonheur.

Antidépresseur

A côté du verre d'eau, le comprimé est posé sur le comptoir,
Celui que j'avale avec amertume, honte, et culpabilité,
Mais aussi avec l'espoir que grâce à lui, je finirai par revoir,
Si ce n'est celle que j'étais, au moins une cousine un peu éloignée.

Je m'en veux de m'être laissée faire, happée par le quotidien,
De ne pas m'être battue pour moi-même,
Je me sens nulle d'en avoir besoin.

Ça en dit long sur mon estime de moi, incapable de me défendre,
Si je m'étais révoltée, si je n'avais pas autant encaissé.
J'ai été bête de croire qu'autant accumuler n'allait pas se payer,
Maintenant il va me falloir des mois, des années, pour tout reprendre.

Je m'en veux de ne pas m'être affranchie,
De la gentille petite fille sage que j'ai été dans l'enfance,
Celle qui fait ce que l'on attend d'elle par complaisance.
Elle attend encore, perdue, sur le chemin de l'adulte accomplie,

Que l'on vienne la délivrer, de ses chaînes qui pèsent tant,
Celles de l'approbation, bon petit faire valoir de ses parents.

J'ai peur de ses effets, j'ai peur qu'il modifie,
De façon profonde et définitive la personne que je suis.
Très vite, les premiers effets se font ressentir,
Cette sensation de flottement, mon âme qui soupire.

Je me sens comme alcoolisée, inhibée de mes sentiments,
Engourdie de ma personnalité, anesthésiée de mon tempérament.
Ma fragilité est comme enveloppée,
Dans cette sorte de torpeur inanimée.

Plus réellement maîtresse de mois même, je suis sous son emprise.
Ce rapport de force, dans lequel je finis soumise,
Ce n'est pas si désagréable de ne plus rien ressentir,
Au moins, quand les émotions sont éteintes, on évite de souffrir.
J'ai tant de mal à trouver le sommeil, pourtant je suis somnolente,
Comme si mon âme se refusait à lâcher prise, l'insolente.

Je le sens, pourtant, que j'ai ce regard, perdu entre deux mondes,
Abandonné par le naturel, le charme, la spontanéité de la vie.

J'espère que mes enfants ne garderont pas cette image immonde,
De leur maman un peu floue quand ils mangeaient leurs spaghettis.

Tout le monde me demande comment ça va.
Dans leur voix on sent que la réponse, ils la connaissent déjà,
Et c'est aussi douloureux, que ma réponse est artificielle :
« Ça va, merci" peut être qu'à force de le répéter, ça deviendra réel.

Merci

Il me faut ici écrire, tout ce que je ne peux plus garder,
Je dois te couvrir, de cette relation qui n'est pas sans danger.
De ce qui me tracasse, et où tu n'as aucun pouvoir,
Pourtant, j'aimerais te dire mes craintes et mes espoirs,
Mes rêves, mes folies, j'aimerais plus d'honnêteté,
Mais ça serait t'impliquer plus que tu n'en as la capacité.

Je dois avancer seule dans cette impasse, en sortir plus grande même si je boite,
Pour qu'Aimy ne se laisse jamais enfermer dans une vie étroite.
Sûrement aussi un peu par fierté, toi si grand et fort,
Et moi, si frêle, incertaine, mon cœur désertant mon corps.
J'aimerais te dire merci car même sans le vouloir,

C'est toi qui m'as ramené à ma vie, en moi il y avait tant de noir.
C'est toi qui m'as permis d'ouvrir les yeux,
Sur à quel point mon destin était malheureux,
A quel point dans mon corps, c'était douloureux,
Car ma tête et mon cœur se taisaient, pour faire au mieux.

Comme des ronces, elle a poussé en moi, petit à petit,
Elle s'est emparée de mon insouciance, l'a endormie,
Puis ma gaieté, elle l'a engourdie, et mon esprit a fini en sursis,
Que c'est fatiguant de jouer à être heureuse, mais ça met un peu à l'abri.

Le chemin de la guérison est encore très long.
Alors je ne regarde pas devant,
Ça serait trop impressionnant,
Je ne regarde pas derrière,
Sinon je risque de m'asseoir à terre,
Quand mes épaules s'affaissent, il n'y a qu'une seule direction.

Je regarde à la cime des arbres, ou l'on entrevoit les nuages,
Que tu m'as parfois fait contempler, témoins de notre complicité.
Là où mon âme s'est éclaircie, là où mon cœur a déjà fait naufrage,
J'espère t'avoir apporté, autant que tu as su me donner.

Je n'ai pas encore réussi à m'échapper, mais j'y travaille,
Ça prendra du temps, de reconstruire un esprit lacéré de failles.
Il faut me laisser m'en aller, affronter ces troubles muets
Et peut être qu'un jour, si j'y arrive, je reviendrai.

Tempête

Ses yeux ont la couleur de la mer du Nord, par temps gris,
Un incertain mélange d'algues, de sable, et d'intempérie.
Comme le vent qui durcit la houle, ses sourcils froncés
Lui confère un regard frondeur, un air agité.

Ses battements de cils écument avec intimidation,
Aux abords de ses deux grandes billes, toute tentative d'affront.
Je maudis toute personne aux mauvaises intentions, qui s'y aventurera,
J'espère que le regard auquel j'ai droit à cet instant, sera encore là,
Comme moi, aussitôt il ou elle saura,
Que cette tempête, jamais ne se domptera,

J'espère tant, que toujours elle gardera cet esprit libre,
Que jamais elle ne laissera quelqu'un choisir pour elle son équilibre,
J'espère que ses seules limites seront celles qu'elle se fixera,
Qu'elle ne se pensera jamais incapable de quoi que ce soit.

J'espère qu'elle ne fera pas mes erreurs,
Ni celles que j'ai su éviter,
Je lui souhaite de vivre dans un monde meilleur,
Que celui dans lequel elle est arrivée

Je rêve qu'elle s'aime au moins autant que je suis incapable de m'aimer,
Qu'elle prenne le temps d'apprendre à se connaitre, et de ne jamais s'oublier,
De ne jamais pour quelqu'un d'autre, s'effacer, se plier, se forcer.

Enfin, une fois que tout cela sera inscrit au plus profond d'elle comme sa vérité,
Elle sera prête à toutes les vies qu'elle souhaitera envisager,
Peut-être même qu'elle y trouvera quelqu'un pour faire chemin à ses côtés,
Et qu'ensemble ils sauront grandir et l'un et l'autre s'élever.

De tendres bleus à l’âme

J'ai pris des coups.
Tout a commencé par une claque lorsque, sur mon ventre,
On a posé ce petit paquet tout chaud et tout mou.

Puis ça a continué, les premières nuits,
Dans l’oppression des pleurs inconsolables,
Etranglée par ma solitude, par mes phobies,
Plaquée au sol par le baby blues incontrôlable.

Ce poing levé au-dessus de mon âme, c’est celui de mes deux grands-mères,
Qui m’appelaient pour mettre la table, et j’arrivais, amère,
Mes cousins continuaient leurs jeux dans la cour, soulevant la poussière.

Cette main autour de mon cou, c’est notre travail, moins rémunéré,
Des attentes inconsidérées, nos carrières injustement limitées.
Elle serre fermement, comme ces siècles de schéma sociétal à reconstruire.
Difficile de trouver son équilibre, à travers les jugements, sans se nuire.

Mère, épouse, carriériste, tu peux être tout ce que tu veux,
Au foyer, désirable, ambitieuse, tu dois être tout ce qu'ils veulent.
Ces coups, ils sont doux et chauds, et ils ont une odeur d'innocence,
Ils font partie de mes années les plus tendres, témoins je l'espère, de ma possible résilience.

Je sais qu'avec le temps, ils s'effaceront, et je les oublierais,
Pour ne garder que le meilleur de ces instants éphémères,
Comme l'ont fait bien avant moi, de nombreuses autres mères.
Le problème, c'est que je ne veux pas les abandonner, jamais.

Pour la femme que je suis à l'instant présent,
Pour tous les combats qu'elle a menés constamment,
Et pour toutes celles qui viendront après moi, avec de tendres bleus à l'âme.

Epilogue

Allongées dans la rosée des matines,
Cette nuit, on la passe à refaire le monde.
Je regarde les étoiles, avant qu'elles ne s'évanouissent,
Elles m'amènent toujours à cette réflexion profonde,
Que l'humanité, n'est finalement qu'une colonie d'insectes,
Dans une boite en carton abjecte,
Sur laquelle Dieu a fait une infinité de petits trous,
Et à travers lesquels nous espérons entrevoir,
Un sens à cette vie, dans sa lumière sur nous,
Alors je les contemple tous les soirs.

Remerciements

Merci à mes parents et à mes enfants d'avoir fait de moi la personne que je suis.

Merci à mes étoiles, de me guider, même si c'est parfois de façon très mystérieuse.

Merci à Amandine, pour les nombreuses soirées à dédramatiser autour d'un verre de vin, avec comme catalyseur nos fous rires, merci d'être une authentique âme sœur spirituelle.

Merci à mes élèves, qui m'ont, sans le savoir, tellement souvent remonté le moral. Merci à Johana, à Lalie, à Tom, à Elodie, à Eliott, à Lucas, à Enzo, à tous ceux que je ne pourrais pas citer, mais avec qui j'ai passé tant d'heures, à mon bureau.

Merci à Louis, à Claire et à Ivan, de m'avoir laissé raconter un peu de leur histoire.

Merci à toutes celles et tous ceux qui, d'une façon ou d'une autre, et même parfois sans le savoir, m'ont permis de prendre conscience de ma situation, et de prendre le chemin de la guérison. Notre parentalité ne devrait jamais nous éloigner de nos chemins de vie, car nos enfants méritent des parents biens dans leur peau et dans leur tête.

Printed in Great Britain
by Amazon

33395269R00069